Curieux de savoir @
AVEC LIENS INTERNET

Table des matières

Le signe @ t'invite à visiter la page
www.dominiqueetcompagnie.com/pedagogie
afin d'en savoir plus sur les sujets qui t'intéressent.

À quelle famille d'animaux appartient le cheval?

Le cheval est un équidé. Le zèbre et l'âne font aussi partie de cette famille de mammifères. Ils possèdent tous de longs membres qui se terminent par un sabot.

> **mammifères :**
> chez les mammifères, le petit se développe dans le ventre de sa mère et se nourrit de son lait, dès sa naissance.

Combien existe-t-il de races de chevaux? @

Comment peut-on estimer l'âge d'un cheval? @

Le cheval peut-il dormir debout? @

Pourquoi ferre-t-on les chevaux? @

Au large de la Nouvelle-Écosse, il y a une île peuplée de chevaux sauvages. Plusieurs légendes racontent l'arrivée des chevaux sur cette île. L'histoire que tu vas lire dans les pages suivantes s'inspire de l'une d'entre elles.

Libres comme le vent

Un conte de Jacques Pasquet
Illustré par Claude Thivierge

Au large de la Nouvelle-Écosse, une petite île émerge
des vagues de l'océan. Elle est souvent entourée
d'un épais brouillard. Voilà pourquoi la plupart
des gens ont fini par oublier qu'elle existe.
On l'appelle l'île des Sables.

L'île des Sables ne ressemble à aucune autre.
On n'y trouve ni trésors, ni pirates, ni arbres, ni villages.
Elle est le royaume des chevaux sauvages,
de superbes bêtes à la crinière épaisse et à la robe brune.

Ces chevaux vivent là depuis bien longtemps.
Ils ont pour amis le vent, les dunes de sable et l'océan.
Un mystère entoure toutefois leur présence.
Certains prétendent que c'est à la suite du naufrage
d'un navire qu'ils sont arrivés sur l'île.

naufrage :
quand un navire disparaît en mer, on dit
qu'il fait naufrage.

Mais ces gens-là ne savent pas écouter le vent…
Lui seul connaît la véritable histoire des chevaux
et il la raconte volontiers à ceux qui se laissent
bercer par ses murmures.

Autrefois, l'île n'existait pas. L'océan s'étendait
face à un immense territoire dans lequel les humains
ne s'étaient pas encore aventurés. Seules des hardes
d'animaux sauvages pouvaient supporter la rudesse
d'un climat sans pitié. La pluie, le vent et les tempêtes
balayaient sans cesse cette contrée hostile.

hardes :
les hardes regroupent un grand nombre
d'animaux sauvages qui vivent ensemble.

Deux troupeaux se disputaient ce territoire :
celui des chevaux et celui des bœufs musqués.
À la tête de chacun d'eux, la bête la plus puissante
imposait sa loi. La végétation qui servait de nourriture
aux animaux était rare et les conflits étaient fréquents.
Chaque clan revendiquait un espace toujours plus grand.

clan :
les animaux qui vivent et se déplacent ensemble forment
des clans.

Une année, les tempêtes furent particulièrement
violentes. Durant plusieurs semaines, le ciel demeura
sombre. Des trombes d'eau noyèrent une partie
du continent. Puis un froid glacial emprisonna le sol
sous une épaisse couche de glace impossible à briser,
même avec le sabot.

trombes d'eau :
les trombes d'eau sont de très grosses pluies qui tombent
avec force.

Chevaux sauvages et bœufs musqués moururent
en grand nombre. Lorsque le temps redevint plus clément,
la lutte reprit, plus cruelle que jamais, entre les survivants.
Les animaux affamés se battaient férocement
pour la moindre pousse.

L'un des clans était de trop et devait disparaître.
Les deux chefs décidèrent alors de s'affronter en duel :
le perdant quitterait le territoire avec les siens.

Le combat fut terrible. À la force têtue du bœuf musqué s'opposait l'endurance du cheval sauvage. Après plusieurs jours, il devint évident qu'aucun des deux ne réussirait à l'emporter sur l'autre.

La seule solution était que l'un des clans accepte
de vivre sur une autre terre. Les chevaux, habitués
à galoper sur de longues distances, décidèrent de partir.

Ils ne s'arrêtèrent qu'au bord de l'océan. Aucun d'entre eux ne s'était jamais aventuré aussi loin. Quelques-uns, effrayés, voulurent rebrousser chemin.

Mais leur chef refusa. S'ils restaient sur ce continent,
les chevaux étaient condamnés à disparaître.
Affronter les vagues de l'océan était leur seule chance
de survie…

La plupart s'élancèrent dans les flots à la suite de leur chef. Ils luttèrent courageusement pendant des heures contre l'assaut des vagues et les courants. Hélas, ils finirent par s'épuiser ! Tout semblait perdu pour eux, quand l'Esprit des Vents vint à leur secours. Ému par leur détermination, il décida de les sauver.

Faisant alliance avec l'Esprit de l'Océan, l'Esprit des Vents
souleva des nuées de grains de sable et d'énormes rochers
qui formèrent une barrière devant les chevaux.
Une île se dressa sur laquelle ils purent prendre pied.
Ils en firent leur nouveau territoire.

alliance :
deux personnes qui s'unissent pour atteindre le même but
font alliance.

Au fil du temps, quelques bêtes quittèrent l'île
pour retourner sur l'ancien continent.
Jamais cependant leur fabuleuse histoire
ne s'est effacée de leur mémoire.
Et aujourd'hui encore, des chevaux sauvages galopent
sur l'île des Sables, libres comme le vent…

Ouvre l'œil !

Le cheval est un animal magnifique.
Chacune des parties de son corps porte un nom spécifique. @

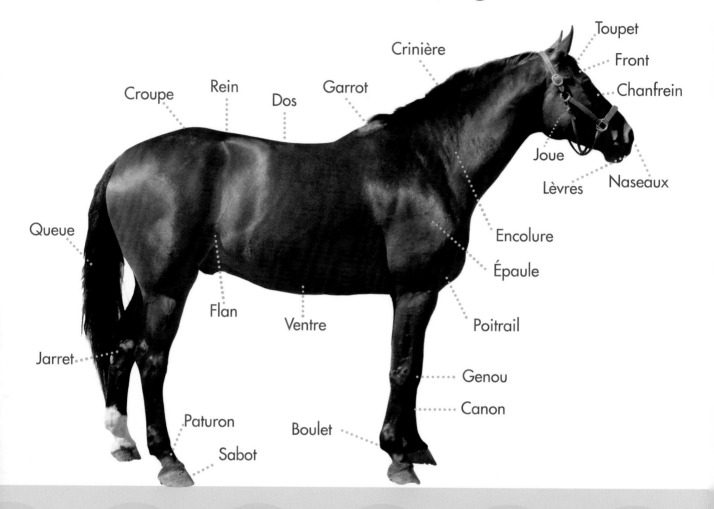

Les labels de l'image : Toupet, Front, Chanfrein, Crinière, Croupe, Rein, Dos, Garrot, Joue, Lèvres, Naseaux, Queue, Encolure, Épaule, Flan, Ventre, Poitrail, Jarret, Genou, Canon, Paturon, Boulet, Sabot

Les longs poils rudes de la crinière et de la queue sont appelés « crins ». Lorsque les crins sont plus clairs que le poil, on dit que le cheval possède des crins « lavés ». @

D'une race à l'autre, les chevaux sont très différents. On mesure leur taille à partir du sol jusqu'au garrot. @

Les poneys sont des petits chevaux dont la taille ne dépasse pas 1,48 m.

Les chevaux de trait sont les géants de la famille. @

La couleur des poils et celle des crins déterminent la robe du cheval.
Les robes simples présentent des poils et des crins de la même couleur.
Les robes composées sont constituées de poils et de crins de couleurs différentes.@

Les balzanes sont des taches de poils blancs qui marquent le bas des membres de certains chevaux, dès la naissance.
Elles portent des noms différents selon leur taille et leur forme, tout comme les taches qui marquent la tête et la bouche. @

Le langage du cheval

Le cheval est un animal craintif.
Le moindre bruit suspect peut l'effrayer.
Pour gagner sa confiance, tu dois l'approcher
calmement et lui parler avec douceur.

Les poils qui entourent
les naseaux du cheval
et ceux qui recouvrent
sa lèvre inférieure sont très sensibles.
Présente-lui la paume de ta main
et souffle délicatement dans ses naseaux
afin qu'il découvre ton odeur.

Si le cheval hennit à ton approche, c'est sans doute parce qu'il est content de te voir.
Dans la nature, c'est ainsi que les chevaux se saluent. Le hennissement sert aussi
à prévenir la harde d'un danger.

À l'état sauvage, le cheval a appris à courir
très vite pour échapper aux prédateurs.
C'est son meilleur moyen de défense.
Au galop, un cheval peut atteindre
la vitesse de 60 km à l'heure.

prédateurs :
les animaux qui capturent leurs proies
vivantes sont des prédateurs.

Pour deviner l'humeur d'un cheval,
il suffit d'observer ses oreilles.

1 Quand il est calme et détendu,
ses oreilles retombent légèrement sur le côté.

2 Quand il est attentif, elles se dressent
et pointent vers l'avant.

3 Quand il est effrayé, elles se couchent
vers l'arrière.

Et s'il est en colère,
elles s'aplatissent complètement.

Le cheval aime toucher avec le bout de son nez.
Quand deux chevaux s'entendent bien,
ils se mordillent gentiment et font mutuellement
leur toilette.

Il arrive qu'un cheval
retrousse sa lèvre supérieure
et découvre ses dents.
Cette curieuse grimace appelée
« flehmen » survient quand
le cheval a senti une odeur
qui l'intrigue particulièrement.

Bien nourri et bien pansé

À l'état sauvage, le cheval mange presque uniquement de l'herbe. Il en faut beaucoup pour lui donner l'énergie dont il a besoin pour survivre. @

À l'écurie, on donne du foin au cheval. On lui sert également de la moulée. Mais ses friandises préférées sont les pommes et les carottes. @

Le brossage des poils s'effectue en trois étapes. On utilise d'abord l'étrille (1) pour déloger les saletés collées sous les poils. Ensuite, on enlève la boue et la poussière avec la brosse dure (2). Puis, on lustre le poil à l'aide de la brosse douce (3). @

Le cheval apprécie qu'on s'occupe de lui. Il faut le panser chaque jour. C'est une belle occasion de se rapprocher de lui et de vérifier qu'il est en bonne santé.

panser :
faire la toilette du cheval.

Pour nettoyer le dessous des sabots, on utilise un cure-pied. Cet outil en forme de crochet permet d'enlever la terre, la paille, la boue ou encore les cailloux qui pourraient blesser le cheval. @

La corne des sabots pousse comme un ongle. À toutes les six à huit semaines, le maréchal-ferrant doit tailler la corne en trop et vérifier que les pieds du cheval sont en bonne santé. De nos jours, plusieurs femmes pratiquent ce métier.

Des « bottes » spéciales sont conçues pour les chevaux qui ne sont pas ferrés. Ainsi chaussés, ils ne risquent pas de glisser en marchant dans la boue ou sur une surface glacée. @

Monter à cheval

Les enfants qui rêvent de monter à cheval peuvent prendre des leçons d'équitation. @

Une bombe (1) et des chaussures à talons (2) sont exigées. La culotte en tissu extensible est recommandée.

bombe :
casque rond et rigide avec visière qui protège la tête en cas de chute.

L'équipement du cheval comprend : le licou, le tapis de selle (3), la selle (4), la sangle, la bride (5), les guêtres (6). @

Le licou, ou licol, est utilisé pour mener le cheval quand on marche à ses côtés et pour l'attacher.

La selle donne plus de stabilité au cavalier, grâce aux étriers.

La bride permet de diriger le cheval et de contrôler sa vitesse ainsi que son équilibre.

Les guêtres protègent le cheval des blessures qui pourraient être causées par le choc d'un membre contre un autre.

Si tu prends des leçons d'équitation, tu auras sans doute l'occasion de monter à cru, c'est-à-dire sans la selle. C'est une merveilleuse façon d'être en contact avec le cheval.

Des instructeurs compétents t'enseigneront à adopter une bonne position afin de conserver ton équilibre, quelle que soit l'allure du cheval.

Tête droite et dégagée des épaules

Dos droit

Jambes légèrement fléchies

Coudes au corps

Bassin basculé légèrement en avant

Bout des pieds sur l'étrier, talons plus bas que la pointe des pieds

Les allures du cheval sont : le pas, le trot et le galop. @

Le pas est une allure marchée. C'est la plus lente. (6 km/h)

Le trot est une allure sautée. C'est la moins confortable. (14 km/h)

Le galop est l'allure la plus rapide. (30 km/h et plus)

Voltige et sports équestres

La voltige permet d'acquérir un sens de l'équilibre remarquable. C'est comme faire de la gymnastique sur le dos d'un cheval. Un instructeur tient une longe qui lui permet de contrôler les mouvements du cheval. @

Le cheval de voltige porte une bride sans rênes.
La selle est remplacée par une sangle munie de poignées auxquelles le cavalier débutant peut se tenir.

Au fil des leçons, la confiance s'installe. On apprend à exécuter différentes figures.

À genoux

Le serpent

L'étendard

Les épreuves de sauts sont toujours spectaculaires. Le cheval doit effectuer un parcours en sautant des obstacles sans faire tomber les barres. Pour y parvenir, le cavalier doit être en parfait accord avec sa monture.

Les écoles d'équitation forment parfois de futurs champions. Certains élèves choisissent de participer à des compétitions.

Les épreuves de dressage mettent en valeur l'élégance du cheval et celle du cavalier. Ceux-ci doivent exécuter des figures libres ou imposées au pas, au trot et au galop. @

Leçon numéro 1

Il faut se placer à gauche du cheval pour monter en selle. C'est une vieille tradition militaire qui remonte à l'époque où les cavaliers portaient leur sabre sur la gauche.

Pour te mettre en selle :

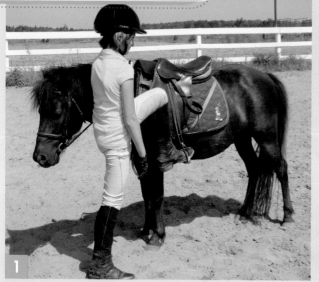

1 Tiens les rênes avec ta main gauche. Glisse ton pied gauche dans l'étrier en regardant la croupe du cheval. Tourne-toi face à la selle.

2 Place ta main droite sur la partie arrière de la selle. Soulève-toi en poussant sur ta jambe droite.

Pour mettre pied à terre :

1 Déchausse les deux étriers.

2 Penche-toi en avant et fais passer ta jambe droite très haut au-dessus du cheval.

3 Passe ta jambe droite très haut au-dessus du cheval.

4 Assieds-toi en douceur. Une fois en selle, prends une rêne dans chaque main.

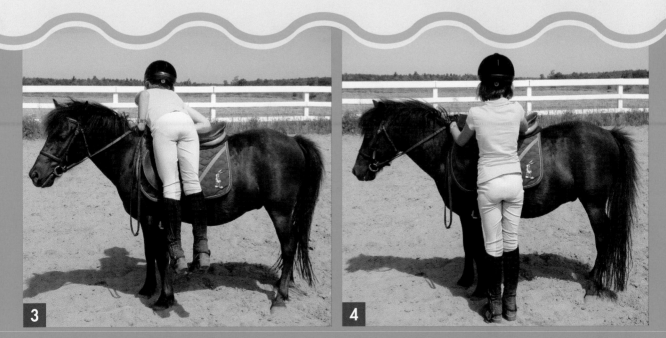

3 Laisse-toi glisser doucement…

4 … jusqu'à ce que tes pieds touchent le sol.

Vérifie ce que tu as retenu

Réponds par VRAI ou FAUX aux affirmations suivantes.
(Sers-toi du numéro de page indiqué pour vérifier ta réponse.)

2 Les poneys sont des petits chevaux dont la taille ne dépasse pas 1,48 m.
PAGE 21

1 Les équidés possèdent tous de longs membres qui se terminent par un sabot.
PAGE 2

3 Si le cheval hennit à ton approche, c'est qu'il est en colère.
PAGE 22

4 L'étrille est une brosse qui sert à lustrer le poil.
PAGE 24

5 La corne des sabots pousse comme un ongle.
PAGE 25

6 Le trot est l'allure la plus confortable.
PAGE 27

7 On se place toujours à droite du cheval pour monter en selle.
PAGE 30

Réponses : 1. Vrai 2. Vrai 3. Faux 4. Faux 5. Vrai 6. Faux 7. Faux

Catalogage avant publication de Bibliothèque et Archives nationales
du Québec et Bibliothèque et Archives Canada

Roberge, Sylvie, 1955

Le cheval
(Curieux de savoir)

Comprend un index.

Sommaire : Libres comme le vent/un conte de Jacques Pasquet ;
illustré par Claude Thivierge.

Pour enfants de 6 ans et plus.

ISBN 978-2-89512-796-3

1. Chevaux-Ouvrages pour la jeunesse. 2. Équitation-Ouvrages pour
la jeunesse. I. Thivierge, Claude. II. Pasquet, Jacques. Libres comme le
vent. III. Titre. IV. Collection : Curieux de savoir.

SF302.R62 2010   j636.1   C2009-942562-9

**Direction artistique, recherche et texte documentaire,
liens Internet :** Sylvie Roberge

Révision et correction : Danielle Patenaude

Graphisme et mise en pages : Nancy Jacques

**Illustrations du conte, dessins de la table des matières
et de la page 2 :** Claude Thivierge

Photographies :

© Steven Dubas page 29 bas à droite.

© François Goulet pages 24 bas, 29 bas à gauche
(cavalière Catherine Goulet sur Orgon).

© Photo Hippique pages couverture bas, 29 haut
(cavalière Caroline Favron-Godbout sur Fantasio).

© Sylvie Roberge pages couverture haut, 20, 21, 22, 23, 24
haut et milieu, 25, 26, 27, 28, 30, 31.

L'éditeur remercie madame Carolyne Blanchet pour sa précieuse
collaboration et ses conseils judicieux.

Nous remercions le Conseil des Arts du Canada de l'aide accordée à
notre programme de publication.

Nous reconnaissons l'aide financière du gouvernement du Canada
par l'entremise du Programme d'aide au développement de l'industrie
de l'édition (PADIÉ) pour nos activités d'édition.

Nous reconnaissons l'aide financière du gouvernement du Québec
par l'entremise du Programme de crédit d'impôt pour l'édition de
livres – SODEC – et du Programme d'aide aux entreprises du livre et
de l'édition spécialisée.

© Les Éditions Héritage inc. 2010
Tous droits réservés
Dépôt légal : 1er trimestre 2010
Bibliothèque et Archives nationales du Québec
Bibliothèque et Archives Canada

Dominique et compagnie
300, rue Arran, Saint-Lambert (Québec) J4R 1K5
Téléphone : 514 875-0327 ; Télécopieur : 450 672-5448
Courriel : dominiqueetcompagnie@editionsheritage.com

Imprimé au Canada
10 9 8 7 6 5 4 3 2 1